JN276908

西園寺昌美

日々の指針 2

――宇宙とともに進化する

Masami Saionji

白光出版

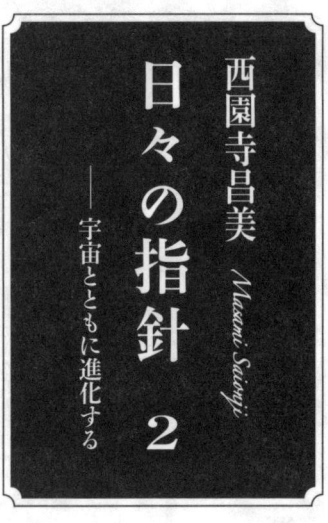

日々の指針 2

——宇宙とともに進化する

目次

日々の指針 2

――宇宙とともに進化する

Making The Most Of Life And Death

生と死をより意義深く

肉
体は神聖なるものである。

本来、肉体は完全に調和し、秩序正しく内なる法則に則っている。

健康と病気とは、対立している別々のものでは決してない。
健康の中に病気の因は含まれているし、
病気の中に健康の因は含まれている。
どちらの因に意識を集中させるかである。

病気になって初めて、人は自らの人生の在り方に気づく。

人間は誰でも、生まれながらにして
病気に対する回復力、治癒能力を持っている。
その力を発揮するためには、それを信じること以外にない。

心

身の癒しは、大自然の中でくつろいでいる時か、
あるいは祈っている時、印を組んでいる時に起こる。

呼

吸法によって自らの心を、身体を真に癒すことが出来る。

自らの絶対大丈夫、成就という信念こそが、
自らの健康に多大なる影響を与え、免疫力を高めてゆく。

私たちはどんな状況にあっても、
最後の一瞬まで人生を創造してゆくことが出来る。

生きるとは、進化創造の道。
生きるとは、自らを信じつづけること。
生きるとは、相手と存在を讃えあうこと。
生きるとは、世界平和の創造を担ってゆくこと。
生きるとは、自分の目の前に起こるすべてに意味があるということ。
生きるとは、あなたに代わる人は誰もいないということ。
生きるとは、かけがえのない使命、天命を抱いて存在しつづけること。

生きるとは、生命の尊さを学ぶこと。

生きるとは、死に至る瞬間まで限りなく
自らの神性を発揮させてゆくこと。

自らの死すべき時を見失わぬよう、
今からきちんと定めておくべきである。

すでに今生での天命を果たし終えた肉体の死を
大袈裟に嘆き悲しむのは無知である。

いかなる人の死をもいたずらに悼《いた》むことはない。
人はみな死後、魂は燦然と光り輝く大光明と一体となるからである。

明日死の宣告を受けようとも、
それでもなお、生きる価値がある。意味がある。

今、

この瞬間を永遠に生きる。

肉体の死、今生の死は、魂の進化創造において不可欠なもの。

Evolving With The Universe

宇宙とともに進化する

時代遅れの信念は、
地球の次元上昇に伴い今や死に体である。

人間は、自ら進化創造を果たしていかねばならぬものである。

地上に存在するすべての物質は、
人類の欲求から生じたもの。
もっと人類の意識が高まれば、
人類の徳を高めるための物質が生じてくる。

真理、天理、宇宙理に則った進化創造は
人類に真の平和をもたらすが、
欲望、願望、利得に則った進化創造は
人類を破滅へと導いてゆく。

人類一人一人の神・霊意識こそが世界の輝かしい運命を創造し、
世の中を変えてゆく原動力である。

今、
あなたに即出来ること、
それは自分の意識を変えること。

意識的な努力、持続的な努力こそが悪習慣を変える。

この世の中は、自らが変化しつつ他と関係し、
他と関係しながら自らが変化し、進化創造を遂げてゆく。

時

空をこえて、人間の意識はつながっている。

すべてのすべては、みなつながっている。
一つたりとも孤立したものは存在しない。

21世紀に入り、もはや自己中心的な生き方は選択肢になりえない。
自らの利益と欲望にのみ生きつづけるならば、
地球の進化と歩調を合わせることは出来ない。

現象、状況、環境がどうであれ、
宇宙神の法則（愛）は神に限りなく近づくように定められている。

The Creative Power Of Consciousness

意識の持つ創造力

自らの意識は、いかなるものをも生み出し、創造してゆく。

自らが経験することは、自らの意識が生み出したものであり、
それ以上でもそれ以下でもない。

自らの意識が何かに把われた時、
意識を向けたそのものが創造されてゆく。

自らの無限なるパワーやエネルギーを自己破壊に用いてはならない。

マイナス思考の習慣を一掃すること。
何故ならば、人生は、習慣が紡《つむ》ぐ織物のようなものだから。

人類一人一人は、地上に生ずるさまざまな出来事の原因をつくっていると同時に、その現象を経験することになるのである。
それが善きことであれ、悪しきことであれ、
自らが創造したものを自らが体験してゆくことが人生である。

言葉とは意識の集約である。
それらは大いなる創造力を内包している。

すべての人類は、愛に溢れた言葉、自らを鼓舞する言葉、
称賛する言葉、寛容に満ちた言葉、
それらの高次元の言葉だけを使うことによって
完璧なる輝きと美の世界を創り出すことが出来る。

本来、言葉は神聖なるものそれのみであった。

神

聖なる言葉には、神霊が宿っており、神霊が宿っているからこそ、
その言葉は成就されるのである。

言葉それ自体は生きている。自分の分身である。

人類は、神霊の宿った言《ことば》（光明の言葉）のみを語ることによって、世界を平和に変えてゆくことが出来る。

「出来ない」「もうだめだ」「でも」「だって」「無理だ」

「不可能だ」「今度する」

……などというマイナスの言葉自体に不運を導く力が潜んでいる。


「ありがとう」「今、すぐしよう」「必ず出来る」「絶対大丈夫」

「成就」「なんて素敵」「天使のよう」「神様のよう」

「あたりに輝きを放っている」「身体中、愛のみの人」

……などというプラスの言葉自体に強力な運を導く力が宿っている。

否定的な言葉は、物質主義社会における伝染病である。
人々は、物質主義的な欲求が満たされない時、
否定的な言葉を用いて、欲求不満を解消する。
それらの言葉は、エネルギーの磁場を形成し、
人々の心に同様の感情をかき立ててゆく。
そのような感情を出来るだけ言葉に表わすことなく、処理すべきである。

どのようにして、私たちは否定的な言葉を処理できるのか？

それは、幸福や愛や寛容や感謝に満ち溢れた
光明の言葉の高次元エネルギーによってである。
光明の言葉は、その輝きで否定的な言葉を包み込み、光の波に変え、
否定的な言葉を打ち消すことが出来る。

すべての瞬間、私たちは自分の目先の現実を創っているだけでなく、
人類の未来の創造に参画している。

常に光明なる言動を為せば、輝かしい人生が創造されてゆく。

世界平和は神からもたらされるものではない。
人類一人一人が自らの内にある崇高な神聖意識を顕すことによって
初めてもたらされる。

Know The True "You"

真のあなたを知る

自らが一番知らなければならないこと。
それは、自分自身が神性そのものであるということである。

自分というものは、他に譲り渡すことが出来ないほどの尊厳と、
自分史を魂に刻んで生きる、世界に二人といない尊い存在なのである。

たとえ未熟な自分、至らない自分であったとしても、
真実の自分は完璧な光り輝く存在である。

究極の自分は、国にも人種にも民族にも宗教にも、
どこにも属しているものではない。
個の自分だ。神なる自分だ。我即神也そのものなのだ。

本来、人類はみな誰もが完全な存在。
そして大いなる完全性の中に生きている。

調

和を害するもの、不安、焦燥を引き起こすものを
心の中に持ちこむことは、限りなく避けねばならない。

真理の道の探究に時間を割かない人は、神についても、自らの運命についても全く無知のまま人生を閉じることになる。

私は、わが内なる我（神）を讃美する。

世界人類一人一人はみな神から望まれてこの世に誕生している尊い生命なのである。

リーダーのリーダーのリーダーである聖人にとって、
人生にリハーサルはない。一瞬一瞬が本番である。

Believe In The Power Within You

内なる力を信じる

究

極的に、人はみな自らの力に頼るしかない。

不可能を可能にするには、自分を信じることのみ。

人類の多くは、無意識に自らの進む道に障壁や難関を突きつけている。

自らを幸せだと思えないことが一番の不幸せだ。

人に頼るな。物質に頼るな。常識に頼るな。自分自身に頼れ。

希望を捨てない勇気、行動を起こす勇気、変革を試みる勇気。
最後の瞬間までも崇高に生きたい。

人類はみな一人残らず無限なる叡智の宝庫を内在して生まれてきている。

今の自分にとどまらず、限りなく高く、尊く、崇高なものを
さらに求めてゆく心こそが大事なのである。

貴方は何事も乗り越えられる。

人間は、自己の中に宇宙すべてが存在し、究極的に必要なすべてが内在しているものなのである（我即神也）。

思いやり、感謝、優しさは人間の本性。

自分の創造力を信じること。それは自分の内にある。

疑

いや恐れは、いかなることの達成にも役立たない。

あなたは遺伝子に縛られた存在ではない。
本来、我々の心は遺伝子さえもコントロールすることが可能である。

自らに決して限界を許すな。

Live Freely In The Present Moment

今この瞬間を自由に生きる

人は、過去の記憶や抑圧や、また未来の希望や夢にのみ生きるのではなく、今、現に生かされているこの一瞬一瞬に焦点を合わせ生きるべきである。

自らの魂に耳を傾けるならば、
今、この瞬間、自分にしか出来ない課題が与えられていることに気づく。

いかなる状況にも振り回されず自由に生きるには、
自分の主張に固執しないことだ。

自らの心を閉ざすことなく、常に解放することに専念すべきである。

いかなる人も、他の人を支配することは（親が子に対してさえも）出来ない。
いかなる人も、他の人の自立や独立を阻むことは出来ない。
いかなる人も、尊重されるべきである。
自らの行為や発言が、
いかに真理に沿った愛そのものであったとしてさえも、
人の自由性を奪うことも、人の自由なる決意に干渉することも出来ない。

人は何歳になっても、
心が完璧に自立して生きることほど価値ある生き方はない。

すべてを選ぶのはあなただということを忘れてはならない。
そして選ぶ自由、選ばない自由があることも忘れてはならない。

いよいよ、個人それぞれが自らの習慣と生活様式をコントロールしなければならない時が来た。

他人の言動をコントロールすることは出来ないが、
それについての自分の反応をコントロールすることは出来る。

いかなる問題の解決策も、私たちの内面に見つけることが出来る。
解決の道を鎖《とざ》すのは、私たちの自身の固定観念である。

いかなる状況に直面しても、
自分自身を尊敬しつづけ、愛しつづけ、
自らの内なる神性を探求しつづけてゆくべきである。

人間の真の喜びは、自立にあって依存にはない。

幸せになるために忍耐は必要ない。
過去から引き継がれている確とした固定観念から脱け出すだけだ。

人は本来あるものありのままで満足し、
しかもそれで充分なはずである。

何も余分なものを所有しないで、
しかも（心の中に）すべてを所有している人は幸福な人なり。

生きるとは、真剣に生きる、意識して生きる、心して生きる、今この瞬間を生ききる、そして天命に生きることである。

一瞬一瞬に真心と愛を込めて生きてみよう。
すべての状況が輝いてくる。

Turning Misfortune Into Joyfulness

不幸を喜びに変える

人生に不幸な出来事などはない。
すべては成就に至るまでのプロセスなのだ。
ただし、自分の前に現われた現実を自らが不幸と思うことによって、
それは不幸な出来事になってしまうのである。

善悪も喜怒哀楽も、すべては結果（我即神也）に至るまでのプロセス。

逆境にあってこそ、決して他に依存してはならない。
それは自らの内なる神に、そして無限なる可能性に目覚める
千載一遇《せんざいいちぐう》のチャンスである。

誰もが予期せぬ出来事を恐れている。
未だ現われてもいないことを……。
これらの不要な不安や恐れに
自らの生命エネルギーを注ぎ込むことほど愚かなことはない。

問題を引き起こす原因は自分にあるのだから、
その問題解決の手だても自分の内にある。

人生に試練などというものは決してない。
試練と思えばそれが試練となる。
人生の通過点と思えたならばそれは通過していってしまう。

いかなる状況に立たされても必ず選択の余地はある。

道に迷ったら必ず元の場所に帰るように、
壁に突き当たったら初心に戻ることだ。

困難な状況が苦しみを創造するのではない。
苦しいと思うその想念が困難な状況をつくり出してゆくのである。

人は目の前に現われた険しい道を見るのではなく、
その延長線上に必ず見え隠れしている
希望と光に満ちた道を目指して歩むべきである。

私は失敗しつつあるのではなく、成功しつつあるのだと考えること。
「自分は成功するだろう」と考える時、
あなたの心は不思議に成功するための解決法を見出してゆく。

いかなる困難が生じようとも、私たちが為すべき最初のことは、
それと戦うことではなく、
それを私たちの心を鍛えるチャンスとして受け取ることである。
私たちは、自らの弱さを克服するために、
自分自身を訓練しなければならない。

「弱き心」とは、自らの問題から逃げ出そうとする、
あるいは、誰か他の人が解決してくれるだろうと望む心である。

輝かしい未来の創造は、今の瞬間、置かれた立場、状況にて自らの未来の結果を生み出すべきよい原因をつくってゆくことでなされる。

Be Your Own Leader

自分自身のリーダーとなる

自分の運命の主人は「我即神也」だ。

闇を恐れることはない。闇を照らす光になりなさい。

自らが自らを統治する人間たれ。

起こっていることを信ずるのではなく、
自らが強く信ずることを起こすのである。

すべての物事において、結果だけを見るのではなく、
結果に至るまでのプロセスにおいて、
その都度、間違いのない選択、決定が下されたか否かを知ることである。
善い結果であれ、悪い結果であれ、経験こそがすべてを上回る。

人は人と比べるから苦しいのだ。

自分をあるがままに受け入れることは大切なこと。
思いきってあるがままの自分になってみよう。

自らの言動行為に責任を持て。責任の持てぬことはすべて慎め。

自己責任を取れる人は、いかなる国や社会にあっても、
また、戦争、貧困、飢餓などいかなる状況にあっても、
尊厳と勇気をもって生きてゆくことが出来る。

不

健全な自己愛や自己憐憫に耽《ふけ》ってはならない。

自分が自分の人生の主人公であることを忘れるな。
人生とは決して人真似ではない。

21世紀の人類は、自らの生活を限りなく簡素化し、深化させることだ。21世紀、これからは与えることのみを意識して生きるべきである。

自分に起こる現象（出来事）のレベルを高めたいのなら、
自分の意識（愛の大きさ、深さ、高さ）を高めればよい。

All Of Us Are One Life

人類は一つのいのち

いかなる違いがあろうとも、いかなる人も、
深いところでは固く強い絆で一つに結ばれている。

人間、他と関わって生きていない者は一人も存在しない。

全人類一人一人が持っている独自の個性、
そして私的な世界をお互い尊重すべきである。

今日一日、出会う人すべてに感謝。すべてに有難う。

さらに崇高なる愛、神々しい愛とは、いかなる人の上にも神そのものを見、その人（善人悪人にかかわらず）の上に生じた現象を見ず、内在せる神意識を呼び覚ませてゆく行為である。

自分の生命が存続していくためには、
多くの尊い生命の恩恵を頂いていることを忘れてはならない。

対決とは、自己嫌悪が形となったものである。
私たちが心の底から自分を愛し、尊敬することが出来れば、
すべての対決は終わりを告げる。

敵を認めれば認めるほど、
その敵は私たちの心の中で大きくなってゆく。

人を赦す時、実際に赦しているのは自分自身である。

「我即神也」に至る天命は、すべての人に課せられている。

時の運も、素晴らしき人との出会いも、
自らがそれ相応の意識レベルに達した時、それは生じる。

歴史は、まさしく人類による選択、決断、決定の集積である。

すべての人々が平和を思い、平和を語り、平和を行為し、
平和を呼吸しますように。

Breathing With The Universe
And Expanding Our Divine Consciousness

宇宙と呼応し　意識を拡げる

千々に思い乱さず短期間休め、祈れ。

物事の根底にある真髄を理解すれば、世界のすべてが判る。

脳

内の思考の絶え間ないざわめきは、呼吸法によってしずまる。

真の呼吸法を真剣に行なえば行なうほど無我無欲の境地になり、
遂には自らの欲することが成就する。

自分を無くすと、全宇宙が自分である。

「呼吸法による唱名」や「呼吸法の印」は、意識を確実に覚醒させる。

今まで固く閉ざされていたチャクラが
呼吸法の印によって徐々に開き、活性化し始めると、
誰もが直接、宇宙神と共鳴し始める。

祈っている人、印を組んでいる人は、
輝かしい未来が宇宙神より確約されている。

人類は、いかなる宗教・宗派に属さずとも、規定された祈りを祈らずとも、人間一人一人の内奥より溢れ出る「我即神也」独自の感謝の祈りがあればよい。

文句や不平不満を言う暇があったら即、祈る。
祈ることで意識が変わる。

過去、現在、未来、そして今この瞬間、自分のしてきたこと、していること、しようとすることが即、人に知られざるとも、かつまた即、結果に現われざるとも、世界平和の祈りは、人類即神也の印は、人類にとって大いなる働きをし、貢献しつづけている無私の行為そのものである。

世界平和の祈りは、悲惨な過去の苦しみを背負った人々の心に、和解と赦しを促す。

世界平和の祈りは、すべての宗教の祈りを尊重し、そこに批判や偏見、差別や権威を抱かせることなく、世界平和構築に導いてゆくものである。

Peace-Minded People

神人という人

誰が、この地球で、より明るく、より幸福で、よりスピリチュアルな生き方を創造しようと第一歩を踏み出すであろうか。

それは、神人として知られている目に見えないリーダーたちである。

絶

体絶命の最後の一瞬までも人類即神也を祈れる人こそ神人なり。

凡人は常に迷いながら生きている。

凡人は常に自分が望まないこと（苦悩、失敗、悔い、嘆き、病）に感情想念エネルギーを注ぎ込んで生きている。

神人は、自分の希望や目的、そして大いなるミッションに焦点を合わせ、エネルギーを集中させて生きているのである。

神

人は光によって存在し、光によって結ばれてゆく。

神

人は、自分は誰であり、何処から来たのか、
そして、何処へ行くのか、という問いの答を知っている人たちである。

神

人とは、言葉の持つ創造力を理解し、
瞬々刻々それを正しく用いている人だ。

神

人は、現われた事柄や状況について、
良い悪いの評価を下さない。
それは、彼らが、生じることのすべては必要があって生じ、
消えてゆくことのすべては必要があって消え、
解決されることのすべては必要があって解決されることを
深く理解しているからである。

神

人は、直観によって、すべてがよくなるように、
すべてが絶対よくなるように、
すべては完璧に成就するように導かれている。

神

人は自らの未来を切り拓くと同時に、人類の未来も
切り拓いているのである。

神

人たる者、神の光を求めて歩むのではない。
自らの内なる神の光を放ちつづけて歩むのである。

この世にいかなることが生じようとも、いささかも動ずることなく、悠々自適に生きられる人こそ神人である。

神

人の心は、地球、宇宙、
そして、生きとし生けるものすべてへの感謝で絶えず満ち溢れている。

不可能はない。なぜならば、神人一人一人の尊い生命は、宇宙神の大生命エネルギー（無限なる成就）の場に直接つながっているからだ。

神

人たちによる意志決定こそが人類に平和をもたらしてゆく。

過去の歴史は神人たちの祈り、印によって覆された。
今年も、新しい歴史が地上に刻印される。

21
世紀の地球は、我々神人の意識そのものによって進化創造されてゆく。

西園寺昌美（さいおんじ まさみ）
祈りによる世界平和運動を提唱した故・五井昌久氏の後継者として、〈白光真宏会〉会長に就任。その後、非政治・非宗教のニュートラルな平和活動を推進する目的で設立された〈ワールド ピース プレヤー ソサエティ（国連NGO）〉代表として、世界平和運動を国内はもとより広く海外に展開。1990年12月、ニューヨーク国連本部総会議場で行なった世界各国の平和を祈る行事は、国際的に高い評価を得た。1999年、財団法人〈五井平和財団〉設立にともない、会長に就任。2008年には西園寺裕夫氏（五井平和財団理事長）と共に、インド世界平和賞「哲学者　聖シュリー・ニャーネシュワラー賞2007」を受賞。2010年には「女性リーダーサミット」で第１回目の「サークルアワード」を受賞。ブダペストクラブ名誉会員。世界賢人会議（WWC）メンバー。
『明日はもっと素晴しい』『我即神也』『世界を変える言葉』（以上、白光出版）
『あなたは世界を変えられる（共著）』『もっともっと、幸せに』『無限なる幸せ』（以上、河出書房新社）
『ハーモニック地球ヒーリング　〈縄文宇宙意識〉で世界のカルマ・トラウマを溶かしましょう（共著）』（ヒカルランド）
『You are the Universe』『The Golden Key to Happiness』『Vision for the 21st Century』『You Can Change The World』　など著書多数。

発行所案内：白光（びゃっこう）とは純潔無礙なる澄み清まった光、人間の高い境地から発する光をいう。白光真宏会出版本部は、この白光を自己のものとして働く菩薩心そのものの人間を育てるための出版物を世に送ることをその使命としている。この使命達成の一助として月刊誌『白光』を発行している。

白光真宏会出版本部ホームページ　http://www.byakkopress.ne.jp/
白光真宏会ホームページ　http://www.byakko.or.jp/

日々の指針 2 ―宇宙とともに進化する

平成二十四年二月二十五日　初版

著者　西園寺昌美
発行者　平本雅登
発行所　白光真宏会出版本部
〒418-0102　静岡県富士宮市人穴八一二―一
電話　〇五四四（二九）五一〇九
ＦＡＸ　〇五四四（二九）五一一二
振替　〇〇一二〇・六・一五一三四八
東京出張所
〒101-0064　東京都千代田区猿楽町二―一―一六
下平ビル四〇一
電話　〇三（五二八三）五七九八
ＦＡＸ　〇三（五二八三）五七九九
印刷所　株式会社　明徳印刷出版社

乱丁・落丁はお取り替えいたします。
定価はカバーに表示してあります。
©Masami Saionji 2012 Printed in Japan
ISBN978-4-89214-201-7 C0014

白光真宏会出版本部

五井　昌久

神　と　人　間

定価１３６５円／〒290

文庫判　定価４２０円／〒180

われわれ人間の背後にあって、昼となく夜となく、運命の修正に尽力している守護霊守護神の存在を明確に打ち出し、霊と魂魄、人間の生前死後、因縁因果をこえる法等を詳説した安心立命への道しるべ。

神は沈黙していない

定価１６８０円／〒290

宗教家の一部にも、神への信仰を失いつつある者のある時、著者が真っ向から〝神は沈黙していない、常に人間の祈りに答えている〟と発表した作。人間の真実の生き方に真正面から取り組んだ書。

西園寺昌美

我《われ》即《そく》神《かみ》也《なり》

定価１２６０円／〒290

あなた自身が神であったとは、信じられないでしょう。あなたは本来神そのもの、内に無限なる愛と叡智とパワーを秘めた存在だったのです。これからの時代は、誰も彼もがその真実の姿に立ち返らなければならないのです。

神　人　誕　生

定価１５７５円／〒290

かつて人は、透明でピュアで光り輝いた神そのものの存在であり、何事をもなし得る無限なる叡智、無限なる創造力を持っていた。今、すべての人がその真実を思い出し、神の姿を現わす時に至っている。

※定価は消費税５％込みです。